機械・サイホン排水システム設計ガイドライン

Design Guidelines for Mechanical and Siphonic Drainage System

2016

日本建築学会

ご案内

本書の著作権・出版権は(一社)日本建築学会にあります．本書より著書・論文等への引用・転載にあたっては必ず本会の許諾を得てください．

Ⓡ〈学術著作権協会委託出版物〉

本書の無断複写は，著作権法上での例外を除き禁じられています．本書を複写される場合は，学術著作権協会（03-3475-5618）の許諾を受けてください．

一般社団法人　日本建築学会

序

　現在の建築排水システムは，地上階の排水の搬送は重力式（非満流排水）で，排水管内の排水ガスの遮断装置として水封式トラップが用いられている．この重力式搬送と水封式トラップを主柱とする現排水システムは，世界共通に採用され，2世紀以上の経験が重ねられている．その排水システムは極めてシンプルで，動力を用いず，故障は少なく，究極の省エネシステムと言える．なお，この重力式搬送は，下水管の排水流れと同様に，排水管内を非満流で流す方式である．

　しかしながら，重力式搬送は，排水横管においては管勾配に依存するために搬送力が弱く，管長や曲がり数の制約を受け，配管設計の自由度が小さい．配管設計は衛生器具等の水使用機器のレイアウトに関わり，管勾配が適切に設けられない器具配置では，重力式は適用できない．現在，建物は長寿命化が志向されているが，そのためには自由なプラン変更が可能なことが重要であり，それに伴う水使用機器レイアウトの自由変更に対応できる自在な配管設計が求められている．このような観点から，管勾配を必要としない排水搬送方式の適用が有効と考えられ，対応する搬送方式としては，機械式の圧送式・真空式と重力式のサイホン式がある．機械式は，ポンプにより排水搬送力を任意に大きくできる．圧送式は地下階の排水搬送として一般的に用いられ，小型の圧送式は地上階の排水搬送にも用いられている．真空式は日本での採用例は少ないが，ヨーロッパでは採用歴は長い．また，サイホン式は満流排水なので流速が大きく，排水搬送力は比較的大きい．雨水排水用としてイギリス等で採用されているが，日本でも導入されている．雑排水用のサイホン式は，日本で開発されたものである．

　水封式トラップはさまざまな封水損失現象により破封のおそれがあるが，とくに蒸発に対する破封防止措置はまったくなされていない．これに対して，非水封式トラップとして自閉式のメンブレンを用いた自封トラップがイギリスで1990年代に開発された．採用実績も多く，日本やアメリカでも開発されている．非水封式トラップには封水がないので，蒸発による破封がないという利点がある．

　このように機械式やサイホン式の排水搬送方式・非水封式トラップは，現排水システムの限界を打破できる技術であり，現排水システムを補完・拡張するものとして活用されることが望ましい．しかしながら，現在の設備設計に関する法規・基準類には次のようなものがあるが，それらは現排水システムを前提としており，機械式やサイホン式の排水搬送方式・非水封式トラップに関しては，地下階の圧送式（大型圧送式）以外は対象に含まれていない．

［法規］
（1）昭和50年建設省告示第1597号（最終改正，平成22年国土交通省告示第243号）

［基準類］
（1）空気調和・衛生工学会規格　「給排水衛生設備規準・同解説 SHASE-S206-2009」
（2）日本建築センター刊　「給排水設備基準・同解説 2006年版」
（3）公共建築協会刊　「建築設備設計基準　平成27年版」

［関連基準］
（1）空気調和・衛生工学会規格　「空気調和・衛生設備工事標準仕様書 SHASE-S010-2013」
（2）空気調和・衛生工学会規格　「集合住宅の排水立て管システムの排水能力試験法 SHASE-S218-2014」
（3）空気調和・衛生工学会規格　「器具排水特性試験法 SHASE-S 220-2010」

　そこで，機械式の小型圧送式・真空式の搬送システム，重力式のサイホン排水システムおよび非水封式トラップの自封トラップの適用を目的として，本会の環境工学委員会の建築設備運営委員会傘下に「次世代排水システム小委員会（2010～2013）」が設置され，2010年10月には第1回次世代排水システムシンポジウム「排水から建築をかえる」が開催された．さらに，同小委員会の成果を踏まえ，これら次世代排水システムのための設計ガイドラインの策定を目的として，2014年度に企画刊行運営委員会傘下に「次世代排水システム刊行小委員会」が設置され，議論を重ねて本ガイドラインの素案が作成された．素案は査読を経て原案となり，それをテキストとして，2014年12月に第2回次世代排水システムシンポジウム「機械・サイホン排水システム設計ガイドライン（AIJES）刊行に向けて」が開催された．さらにパブリックコメントの手続きを経て，成案となった．

　本ガイドラインの対象は，機械式の小型圧送排水システム・真空排水システム，重力式のサイホン排水システムおよび非水封式トラップである．サイホン排水システムには，雨水と雑排水の別がある．また，トラップは装置の一種であり，システムではない．そこで，本ガイドラインでは，次のように本文として4つのシステムに分けて示し，非水封式トラップに関しては付属書として扱った．

　　　Ⅰ　機械排水システム　　　Ⅰ－1　小型圧送排水システム
　　　　　　　　　　　　　　　　Ⅰ－2　真空排水システム
　　　Ⅱ　サイホン排水システム　Ⅱ－1　サイホン雨水排水システム
　　　　　　　　　　　　　　　　Ⅱ－2　サイホン雑排水システム
　　　付属書　非水封式トラップ

　本ガイドラインが給排水設備設計者等にとって基本的な設計指針となり，よりよい建築の発展に資することを願うものである．

　2016年2月

日本建築学会

Summary

The gravity drainage system that drains water in pipe with non-fill flow is currently the main drainage modality on the floors above the ground in buildings, and water sealed trap is used to block drainage gas in pipe. The current drainage system based on gravity transfer and water sealed trap has a history of over two centuries and is still widely in use around the world. This system is sometimes referred to as the ultimate energy-saving system as it does not make use of any power, and is relatively free of malfunction. However, gravity transfer that requires sloped horizontal branches can only generate relatively weak transporting power, and freedom of design is limited because of the limitations of pipe lengths and the number of curves used in the line.

Currently buildings are expected to last for a long period of time. In such a trend for longer operating life, free design piping and free layout of fixtures becomes a necessity. From that perspective the use of drainage system that does not depend on pipe slope for transfer seems fitting. Mechanical pneumatic drainage system, vacuum drainage system, and gravitational siphonic drainage system can be proposed as candidates.

Water sealed traps can be broken as a result of various seal loss phenomena, and they are particularly vulnerable to evaporation. In order to counter this problem, self-sealing trap was developed in Great Britain in the 1990s, and has been widely in use. The same type of traps have been developed in the U.S. and Japan as well. Self-sealing traps hold no water, so there is no seal break due to evaporation.

Although mechanical and siphonic drainage systems and self-sealing traps are a workable adjunct and extension to the current drainage system, and are capable of overcoming some of its limitations; they are not incorporated into the regulations and standards applicable to the current systems except for large pumping drainage systems.

In response to this situation, Subcommittee on Next Generation Drainage System was created under Managing Committee on Building Service Engineering, Research Committee on Environmental Engineering of AIJ (Architectural Institute of Japan). The Subcommittee held its first symposium "Changing Architecture from Drainage" in October 2010. Building on its activities, Subcommittee on Publication for Next Generation Drainage System was set up under Publication Management Committee aiming at publishing Next Generation Drainage System Design Guideline.

The Subcommittee drew up a draft of Mechanical / Siphonic Drainage System Design Guideline and held second symposium "In Preparation for Publishing Mechanical and Siphonic Drainage System Design Guideline (AIJES)" in December 2014 to make the contents of the guideline public. The guideline was completed after the opinions of the members were taken into consideration.

It is our sincere hope that the guideline will become a workable standard for those who design drainage systems.

Architectural Institute of Japan

日本建築学会環境基準（AIJES）について

　本委員会では，これまでに，日本建築学会環境基準（AIJES）として13点を発刊するに至っている．また，各分野において，規準等を整備すべく，検討・作成作業が進められてきた．

　AIJESはアカデミック・スタンダードと称し，学会が学術的見地から見た推奨基準を示すことを目的に，「基準」，「規準」，「仕様書」，「指針」のような形で公表されてきた．これらの英文表記は，「Academic Standards for～」としていたが，この「Academic Standards」には教育水準といった意味もあり，AIJESの目的とは異なる意味に解される場合もあり誤解を生ずる恐れがあるとの指摘も寄せられた．

　そこで，2010年度以降に発刊されるAIJESについては，英文表記を「Standards for～」等に変更することを決定した．また，既刊のAIJESについては，改定版刊行時に英文表記を変更することとした．

2010年9月

日本建築学会　環境工学委員会

日本建築学会環境基準（AIJES）の発刊に際して

　本会では，各種の規準・標準仕様書の類がこれまで構造・材料施工分野においては数多く公表されてきた．環境工学分野での整備状況は十分ではないが，われわれが日常的に五感で体験する環境性能に関しては法的な最低基準ではない推奨基準が必要であるといえる．ユーザーが建物の環境性能レベルを把握したり，実務家がユーザーの要求する環境性能を実現したりする場合に利用されることを念頭において，新しい学術的成果や技術的展開を本会がアカデミック・スタンダードとして示すことは極めて重要である．おりしも，本会では，1998年12月に学術委員会が「学会の規準・仕様書のあり方について」をまとめ，それを受けて2001年5月に「学会規準・仕様書のあり方検討委員会報告書（答申）」が公表された．これによれば，「日本建築学会は，現在直面している諸問題の解決に積極的に取り組み，建築界の健全な発展にさらに大きく貢献することを目的として，規準・標準仕様書類の作成と刊行を今後も継続して行う」として，本会における規準・標準仕様書等は，次の四つの役割，すなわち，実務を先導する役割，法的規制を支える役割，学術団体としての役割，中立団体としての役割，を持つべきことをうたっている．

　そこで，本委員会では，1999年1月に開催された環境工学シンポジウム「これからの性能規定とアカデミック・スタンダード」を皮切りとして，委員会内に独自のアカデミック・スタンダードワーキンググループを設置するとともに，各小委員会において環境工学各分野の性能項目，性能基準，検証方法等の検討を行い，アカデミック・スタンダード作成についての作業を重ねてきた．

　このたび，委員各位の精力的かつ献身的な努力が実を結び，逐次発表を見るに至ったことは，本委員会としてたいへん喜ばしいことである．このアカデミック・スタンダードがひとつのステップとなって，今後ますます建築環境の改善，地球環境の保全が進むことへの期待は決して少なくないと確信している．

　本書の刊行にあたり，ご支援ご協力いただいた会員はじめ各方面の関係者の皆様に心から感謝するとともに，このアカデミック・スタンダードの普及に一層のご協力をいただくようお願い申し上げる．

2004年3月

日本建築学会　環境工学委員会

日本建築学会環境基準制定の趣旨と基本方針

(1) 本会は,「日本建築学会環境基準」を制定し社会に対して刊行する．本基準は,日本建築学会環境工学委員会が定める「建築と都市の環境基準」であり,日本建築学会環境基準（以下, AIJESという）と称し,対象となる環境分野ごとに記号と発刊順の番号を付す．

(2) AIJES制定の目的は,本会の行動規範および倫理綱領に基づき,建築と都市の環境に関する学術的な判断基準を示すとともに,関連する法的基準の先導的な役割を担うことにある．それによって,研究者,発注者,設計者,監理者,施工者,行政担当者が, AIJESの内容に関して知識を共有することが期待できる．

(3) AIJESの適用範囲は,建築と都市のあらゆる環境であり,都市環境,建築近傍環境,建物環境,室内環境,部位環境,人体環境などすべてのレベルを対象とする．

(4) AIJESは,「基準」,「規準」,「仕様書」,「指針」のような形で規定されるものとする．以上の用語の定義は基本的に本会の規定に従うが, AIJESでは,「基準」はその総体を指すときに用いるものとする．

(5) AIJESは,中立性,公平性を保ちながら,本会としての客観性と先見性,論理性と倫理性,地域性と国際性,柔軟性と整合性を備えた学術的判断基準を示すものとする．
　それによって,その内容は,会員間に広く合意を持って受け入れられるものとする．

(6) AIJESは,安全性,健康性,快適性,省エネルギー性,省資源・リサイクル性,環境適合性,福祉性などの性能項目を含むものとする．

(7) AIJESの内容は,建築行為の企画時,設計時,建設時,完成時,運用時の各段階で適用されるものであり,性能値,計算法,施工法,検査法,試験法,測定法,評価法などに関する規準を含むものとする．

(8) AIJESは,環境水準として,最低水準（許容値）,推奨水準（推奨値）,目標水準（目標値）などを考慮するものとする．

(9) AIJESは,その内容に学術技術の進展・社会状況の変化などが反映することを考慮して,必要に応じて改定するものとする．

(10) AIJESは,実際の都市,建築物に適用することを前提にしている以上,原則として,各種法令や公的な諸規定に適合するものとする．

(11) AIJESは,異なる環境分野間で整合の取れた体系を保つことを原則とする．

規準作成関係委員（2015年度）
― （五十音順・敬称略） ―

環境工学委員会
委員長　羽山広文
幹　事　岩田利枝　　菊田弘輝　　甲谷寿史
委　員　（省略）

企画刊行運営委員会
主　査　村上公哉
幹　事　田中貴宏　　中野淳太
委　員　（省略）

建築学会環境基準作成小委員会
主　査　村上公哉
幹　事　田中貴宏　　中野淳太
委　員　（省略）

次世代排水システム刊行小委員会
主　査　坂上恭助
幹　事　古賀誉章　　細田幸宏　　松下幸之助
委　員　石村修一　　臼井政夫　　小寺定典
　　　　須賀良平　　摺木　剛　　髙津靖夫
　　　　谷　信幸　　早川和男　　真山淳哉
　　　　光永威彦　　山本慈朗

次世代排水システム適用小委員会
主　査　坂上恭助
幹　事　古賀誉章　　丸山秀行
委　員　安孫子義彦　飯塚　宏　　稲田朝夫
　　　　大塚雅之　　岡内繁和　　加藤健一郎
　　　　門脇耕三　　久保勝之　　小島邦晴
　　　　佐野将之　　下田邦雄　　仲川ゆり

協力者（小委員会旧委員）
　　　　塚越信行　　佐野武仁　　小池道広
　　　　本多勝美　　永山　隆　　小尾神充倫
　　　　清水康利　　小澤数晃

執筆担当者

I　機械排水システム
　I−1　小型圧送排水システム
　　　　臼井政夫　松下幸之助　加藤健一郎

　I−2　真空排水システム
　　　　山本慈朗　髙津靖夫

II　サイホン排水システム
　II−1　サイホン雨水排水システム
　　　　谷　信幸　真山淳哉　古賀誉章
　　　　光永威彦　石村修一

　II−2　サイホン雑排水システム
　　　　小寺定典　丸山秀行　細田幸宏
　　　　光永威彦

付属書　非水封式トラップ
　　　　摺木　剛　須賀良平

機械・サイホン排水システム設計ガイドライン

目　　次

Ⅰ章　機械排水システム
 Ⅰ-1　小型圧送排水システム ……………………………………………… 1
  1.　総　　則 ……………………………………………………………… 1
   1.1　目　　的 ……………………………………………………………… 1
   1.2　適用範囲 ……………………………………………………………… 1
   1.3　用語の定義 …………………………………………………………… 1
   1.4　システムの種類と構成 ……………………………………………… 2
   1.5　参考規格 ……………………………………………………………… 4
  2.　性　　能 ……………………………………………………………… 4
   2.1　基本性能 ……………………………………………………………… 4
  3.　計画・設計 …………………………………………………………… 4
   3.1　一般事項 ……………………………………………………………… 4
   3.2　圧送排水装置 ………………………………………………………… 5
   3.3　圧送排水管 …………………………………………………………… 5
   3.4　維持管理 ……………………………………………………………… 6

 Ⅰ-2　真空排水システム …………………………………………………… 7
  1.　総　　則 ……………………………………………………………… 7
   1.1　目　　的 ……………………………………………………………… 7
   1.2　適用範囲 ……………………………………………………………… 7
   1.3　用語の定義 …………………………………………………………… 7
   1.4　システムの種類と構成 ……………………………………………… 8
   1.5　参考規格 ……………………………………………………………… 10
  2.　性　　能 ……………………………………………………………… 10
   2.1　基本性能 ……………………………………………………………… 10
  3.　計画・設計 …………………………………………………………… 10
   3.1　一般事項 ……………………………………………………………… 10
   3.2　真空度 ………………………………………………………………… 10
   3.3　真空管路 ……………………………………………………………… 11
   3.4　真空集水タンク ……………………………………………………… 11
   3.5　検知ます ……………………………………………………………… 11
   3.6　維持管理 ……………………………………………………………… 12

Ⅱ章　サイホン排水システム

Ⅱ-1　サイホン雨水排水システム …… 13

1. 総則 …… 13
- 1.1　目的 …… 13
- 1.2　適用範囲 …… 13
- 1.3　用語の定義 …… 14
- 1.4　システムの構成 …… 14
- 1.5　参考規格 …… 15

2. 性能 …… 16
- 2.1　基本性能 …… 16

3. 計画・設計 …… 16
- 3.1　一般事項 …… 16
- 3.2　排水能力 …… 16
- 3.3　雨水流入口 …… 17
- 3.4　雨水排水管 …… 18
- 3.5　配管接続 …… 19
- 3.6　雨水流出口 …… 20
- 3.7　雨水排水管の隠蔽 …… 20
- 3.8　維持管理 …… 21

Ⅱ-2　サイホン雑排水システム

1. 総則 …… 22
- 1.1　目的 …… 22
- 1.2　適用範囲 …… 22
- 1.3　用語の定義 …… 22
- 1.4　システムの構成 …… 23
- 1.5　参考規格 …… 24

2. 性能 …… 24
- 2.1　基本性能 …… 24

3. 計画・設計 …… 24
- 3.1　一般事項 …… 24
- 3.2　排水能力 …… 25
- 3.3　サイホン排水管 …… 26
- 3.4　サイホン排水管の管径 …… 27
- 3.5　配管接続 …… 27

3.6 調整槽	28
3.7 間接排水	29
3.8 維持管理	30

付属書　非水封式トラップ

1. 総則	31
1.1 目的	31
1.2 適用範囲	31
1.3 用語の定義	31
1.4 非水封式トラップの種類	31
1.5 参考規格	32
2. 性能	32
2.1 基本性能	32
2.2 性能確認項目	33
3. 計画・設計	35
3.1 一般事項	35
3.2 非水封式トラップの材料・構造	35
3.3 非水封式トラップ設置の計画・設計	36
3.4 衛生器具以外の配管への設置用途	38
3.5 吸気弁としての設置用途	38
3.6 機械・サイホン排水システムへの設置用途	38
3.7 維持管理	38

Ⅰ章　機械排水システム

Ⅰ－1　小型圧送排水システム
Ⅰ－2　真空排水システム

I-1 小型圧送排水システム

1. 総則

1.1 目的

本章は，建築物などに設置される小型圧送排水システムの設計に関する基本的な考え方をまとめたものである．本章に記載のない事項については，関連する法令および規準などに定めるところによる．

1.2 適用範囲

本章は，建築物などにおける排水（雑排水または汚水）を排水ポンプにより，満流で圧送する小型の排水システムに適用する．

本システムが適用できる建築物などとは，戸建住宅，集合住宅，非住宅（事務所，商業施設など）のほか，駅舎，遊戯施設，仮設施設などをいう．
［従来の圧送排水システムとの区別］
本システムは，ポンプを内蔵した小型の圧送排水装置による排水システムを前提としており，マンホール，吸い込みピットおよび水中排水ポンプが設けられている排水槽（汚水槽・雑排水槽など）の圧送排水システムとは区別する．

1.3 用語の定義

本章に用いる用語の定義は，表I-1-1による．

表I-1-1 小型圧送排水システムに関する用語の定義

重力式排水システム	gravity drainage system	重力により排水するシステムをいう．自然排水システムまたは自然流下排水システムともいう．
小型圧送排水システム	compact pumping drainage system	圧送排水装置および圧送排水管などで構成される小型の排水システムをいい，重力式排水システムの建築物内排水管・敷地排水管に接続されるまでをいう．小型強制排水システムともいう．
圧送排水装置	drainage pumping unit	ポンプと制御部で構成され，排水を加圧して送り出す装置をいう．
圧送排水管	pressured drain pipe	圧力により満流で排水が流れる排水管で，圧送排水装置から重力式排水システムに接続されるまでの管をいう．

1.4 システムの種類と構成
1.4.1 システムの種類

> 小型圧送排水システムには，次の種類がある．
> (1) 用途による分類
>   (a) 雑排水用　雑排水用途に適用され，破砕機能を持たないもの．
>   (b) 汚水用　　汚物およびトイレットペーパーなどが混入した汚水用途に適用され，破砕機能を持つもの．
>   (c) 汚雑兼用　汚水および雑排水用途に適用され，破砕機能を持つもの．
> (2) 構造による分類
>   (a) 一体型　　大便器などの水使用機器に圧送排水装置が一体としてセットされているもので，給排水管を接続するのみで使用できるタイプ．
>   (b) ユニット型　独立した小型の圧送排水システムで，これに水使用機器からの排水管を接続するタイプ．

［ユニット型の種類］
　ユニット型は，接続する水使用機器の個数により，次のように区別されることがある．
　① 専用タイプ：圧送排水装置に対して，1つの水使用機器のみが接続できるタイプ．
　② 集合タイプ：複数の水使用機器が接続できるように，複数の排水管接続口を持つタイプ．

1.4.2 システムの構成

> 小型圧送排水システムは，圧送排水装置，圧送排水管などで構成され，非満流の重力式排水システムに接続される．

［一体型の構成例］
　大便器，圧送排水装置および圧送排水管を組み合わせた大便器一体型小型圧送排水システムの構成例を図Ⅰ-1-1に示す．大便器から排出される汚水は，圧送排水装置により破砕圧送される．汚水は破砕されているので，SHASE-S206-2009に規定されている最小管径30Aよりも小口径の排水管を使用することが可能である．器具としての一体型圧送便器に要求される性能は，一般財団法人ベターリビングの自由提案型優良住宅部品評価基準「圧送便器」(BLFE PWC 2015)に規定されている．なお，SHASE-S206-2009の最小管径の規定は，非満流の重力式排水システムに適用されるものであり，本システムは該当しない．

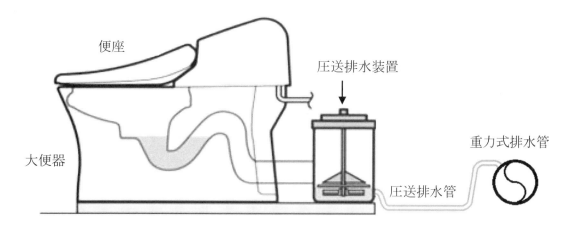

図Ⅰ-1-1　大便器一体型小型圧送排水システムの構成例

［ユニット型の構成例］

　ユニット型小型圧送排水システムの例を図Ⅰ-1-2 に示す．ユニット型の本システムは，圧送排水装置および圧送排水管で構成される．水使用機器からの排水は，器具排水管を介して圧送排水装置に流入し破砕圧送される．雑排水用の場合は，そのまま圧送される．一体型と同様に汚水に含まれる汚物およびトイレットペーパーは破砕されているので，SHASE-S206-2009 に規定されている最小管径 30A よりも小口径の排水管を使用することが可能である．

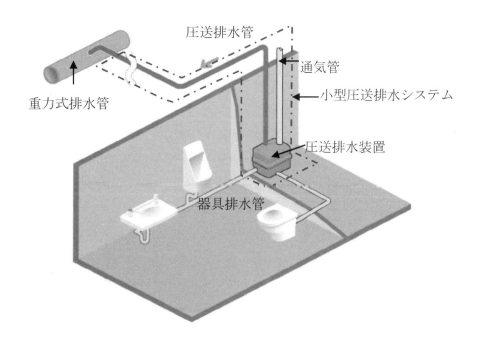

図Ⅰ-1-2　ユニット型小型圧送排水システムの構成例

[二重トラップの扱い]

建築基準法で禁止されている二重トラップは，1つの排水管に複数のトラップを直列に接続する配管形態をいう．圧送排水管内では，一部が満流になり配管トラップを形成するため，一見，器具トラップと配管トラップとで二重トラップを構成するように見える．しかし，禁止されている二重トラップは重力式排水システムの構成要素であるのに対し，この配管トラップは搬送力が強い圧送排水システムの構成要素であることから，汚雑物の搬送性能に支障をきたさない．また，封水機能の観点からは，配管トラップは，性能を向上させるとみなされる．これらのことより，本システムの配管トラップは，いわゆる二重トラップには該当しない．

1.5 参考規格

(1)	EN 12050:2015	: Wastewater lifting plants for buildings and sites
(2)	EN 12056:2000	: Gravity drainage systems inside buildings
(3)	SHASE-S010-2013	: 空気調和・衛生工学会規格「空気調和・衛生設備工事標準仕様書」
(4)	SHASE-S206-2009	: 空気調和・衛生工学会規格「給排水衛生設備規準・同解説」
(5)	BLFE PWC2015	: ベターリビング「自由提案型優良住宅部品評価基準 圧送便器」

2. 性能

2.1 基本性能

小型圧送排水システムの基本性能は，次のとおりである．
(1) 安全に稼働する．
(2) 円滑に排水が行える．
(3) 耐用を有する．
(4) 騒音・振動が少ない．
(5) 維持，管理，更新が容易である．
(6) 経済的である．
(7) 建築との調和がとれている．

3. 計画・設計

3.1 一般事項

(1) 小型圧送排水システムは，停電時および故障時の対応について十分に検討を行う．
(2) 雑排水および汚水の系統区分は，重力式排水システムと同様に扱う．
(3) 小型圧送排水システムに対する負荷流量を確認する．
(4) 接続先の重力式排水システムの許容流量に余裕があることを確認する．
(5) 圧送排水装置の点検，修理および交換などの維持管理を考慮して計画・設計する．

(3) について
　小型圧送排水装置に流入する負荷流量を確認する．ただし，一体型の場合は，便器などの水使用機器から破砕圧送装置への排水負荷を考慮して設計されているため，負荷流量の確認は不要である．
(4) について
　圧送排水管を重力式排水システムに接続する際に，許容流量を確認し，接続先の重力式排水システムに不具合がないことを確認する．

3.2 圧送排水装置

> (1) 圧送排水装置は，用途に応じた機種を選定する．
> (2) 圧送排水装置は，必要揚程および負荷流量を満足する排水能力を持つものを選定する．
> (3) 圧送排水装置は，気密性および水密性を有する．
> (4) 圧送排水装置は，水没のおそれがある場所や高温多湿の場所を避けて設置する．
> (5) 圧送排水装置を凍結のおそれがある場所に設置する場合は，凍結防止対策を講じる．

(4) について
　湿度が高くなる懸念がある場所においては，必要に応じて換気設備などを設置することを考慮することが望ましい．
(5) について
　凍結のおそれがある場所においては，圧送排水装置および圧送排水管には，必要に応じて凍結防止対策，例えば，凍結防止ヒーターなどの対策を行うことが望ましい．

3.3 圧送排水管

> (1) 圧送排水管には，その他の配管との誤接続を防止する措置を講じる．
> (2) 圧送排水管は，他の圧送排水管と接続させることなく，単独で重力式排水システムに接続する．
> (3) 圧送排水管の接続および配管径は，接続される水使用機器の排水性能に応じて適正な管径とする．
> (4) 配管にはSHASE-S010-2013に規定された材料を用いる．ただし，圧送排水による正圧および負圧に耐えうる材料とする．
> (5) SHASE-S010-2013に規定されていない材料の場合，一般的な配管性能および耐圧性能を有することが確認された材料であれば，可とう管を含むその他の材料を使用できる．

(1) について
　特に，圧送排水管は小口径であるため，誤接続がないよう施工することが求められる．

例えば，配管種類や，配管サイズを変えるなどの対策がある．

3.4 維持管理

> 小型圧送排水システムは，点検・清掃・修理などが容易に行えるようにする．

Ⅰ-2 真空排水システム

1. 総　　則
1.1 目　　的

本章は，建築物などに設置される真空排水システムの設計に関する基本的な考え方をまとめたものである．関連する法令に準拠の上，本章に記載のない事項については，関連する規準などに定めるところによる．

本システムは，管路内に発生させた真空と大気圧の差圧を利用し，排水を吸引（大気圧により押し込む）し，集水するシステムである．

本システムは，負圧を作製し，大気圧による力で真空集水タンクに向けて勾配が取れる高さまで排水を吸引し，その後，真空集水タンクから自然流下により搬送するシステムである．

1.2 適用範囲

本章は，建築物などにおける排水（汚水，雑排水または雨水）を真空により集水し，排水するシステムに適用する．

本システムが適用できる建築物などとは，戸建住宅，集合住宅，非住宅（事務所，商業施設など）のほか，駅舎，遊戯施設，仮設施設などをいう．

1.3 用語の定義

本章に用いる用語の定義は，表Ⅰ-2-1による．

表Ⅰ-2-1　真空排水システムに関する用語の定義

真空	vacuum	絶対真空ではなく，標準大気圧より圧力が低い状態をいう．
重力式排水システム	gravity drainage system	重力により排水するシステムをいう．自然排水システムまたは自然流下排水システムともいう．
真空排水システム	vacuum drainage system	真空を利用し，集水タンクに汚水，雑排水，雨水などを集水し，排水するシステムをいい，重力式排水システムの建築物内排水管・敷地排水管に接続されるまでをいう．

真空排水弁	vacuum discharge valve	設定真空度で作動し，機械式または電気式の信号を受け，作動するまで管内の真空度を保持する弁をいう．
真空管路	vacuum pipe	排水を吸引する管で，真空排水弁から真空集水タンクまでの管をいい，吸引管路ともいう．
真空集水タンク	vacuum collective tank	真空を利用し，吸引した汚水，雑排水または雨水を集水し，貯留するタンクをいう．
真空ポンプ	vacuum pump	真空集水タンクより気体を排出し，真空集水タンク内圧力を大気圧よりも低くするポンプをいう．
検知ます	detecting pit	重力式排水により器具排水などを一時貯留し，真空管路を接続する中継ますをいう．水位検知機能を有し，真空排水弁の作動信号を発する．
大気開放弁	air relief valve	真空集水タンクに貯留された排水を自然流下により排出する場合に，真空集水タンク内を大気圧に戻すために開放する弁をいう．

1.4 システムの種類と構成

1.4.1 システムの種類

> 真空排水システムは，真空集水タンクからの排水方法により，次の2種類に分類される．
> (1) 自然排水方式
>   真空集水タンク内の負圧を大気開放することによりゼロとし，自然流下により排出する．
> (2) 強制排水方式
>   真空集水タンク内の排水を，排水ポンプにより強制的に排出する．

(1) について

　自然排水方式は，真空集水タンクを大気開放し，排水を自然流下によって排出するため，重力式排水システムと親和性が高い．

1.4.2 システムの構成

> システム構成は，排水方式により次のとおりである．ただし，排水量が一定の場合は検知ますを省略できる．
> (1) 自然排水方式
> 　　検知ます，真空排水弁，真空管路，真空集水タンク，真空ポンプ，大気開放弁および排水弁により構成される．
> (2) 強制排水方式
> 　　検知ます，真空排水弁，真空管路，真空集水タンク，真空ポンプおよび排水ポンプにより構成される．

真空排水システムの構成例を図Ⅰ-2-1に示す．

検知ますを設けることにより，排水量が一定ではない器具からの排水も，適正な排水量が吸引できる．

自然排水方式の場合，真空をゼロにすることにより真空集水タンク内の排水を行うため，排水時間中は排水の吸引ができない．連続排水が必要な場合には，集水タンクを並列に設置する必要がある．

排水量が一定の例として，タンク式大便器が挙げられる．排水量が一定であるので，検知ますを設けず真空排水弁の作動時間を調整することにより，適正な排水量が吸引できる．

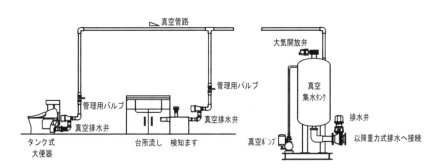

(a) 自然排水方式

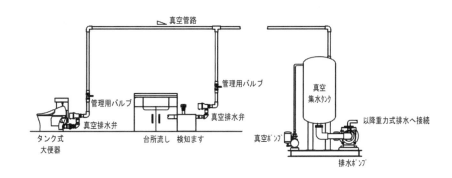

(b) 強制排水方式

図Ⅰ-2-1　真空排水システムの構成例

1.5 参考規格

(1) EN 12109:1999 : Vacuum drainage systems inside buildings
(2) SHASE-S010-2013：空気調和・衛生工学会規格「空気調和・衛生設備工事標準仕様書」
(3) SHASE-S206-2009：空気調和・衛生工学会規格「給排水衛生設備規準・同解説」
(4) 真空式下水道収集システム技術マニュアル 2002：日本下水道新技術機構

2. 性能

2.1 基本性能

真空排水システムの基本性能は，次のとおりである．
(1) 安全に稼働する．
(2) 円滑に排水が行える．
(3) 気密性および水密性を有する構造とする．
(4) 耐用を有する．
(5) 騒音・振動が少ない．
(6) 維持，管理，更新が容易である．
(7) 経済的である．
(8) 建築との調和がとれている．

3. 計画・設計

3.1 一般事項

(1) 円滑に排水が行なわれるよう，システムを設計する．
(2) 排水計画に見合った，適正な吸引力（揚水力）とする．
(3) 排水時に発生する音・振動に対し，必要に応じて対策を講じる．
(4) 真空管路の摩擦抵抗などを考慮し，設定負圧を計画する．
(5) 停電時および故障時の対応について十分に検討を行う．
(6) 雑排水および汚水の系統区分は，重力式排水システムと同様に扱う．
(7) 接続先の重力式排水システムの許容流量に余裕があることを確認する．
(8) 点検，修理および交換などの維持管理を考慮して計画・設計する．

3.2 真空度

真空排水システムを計画する場合，必要な吸引揚程と流速を確保する真空度を計画する．

決定する真空度については，必要吸引揚程に－10kPa 程度大きめに設定するのが望ましく，－35kPa～－85kPa（ゲージ圧）で計画する．

大気圧は理論的に平均大気圧（1013hPa）であり，大気圧では10.34m以上を押し上げることはできない．そのため，吸引揚程は管路抵抗などを考慮し，最大7.5m程度で計画する．

3.3 真空管路

(1) 真空管路は，その他の排水管との誤接続を防止する措置を講じる．
(2) 使用する配管材料については，SHASE-S010-2013に規定された材料を用いる場合であっても，その負圧・正圧に対する耐圧を確認する．また，SHASE-S010-2013に規定されていない材料については，耐圧，耐久性を有することが確認できた材料であれば，可とう管も含むその他の材料を使用できる．
(3) 真空管路への異物の混入を防止するため，必要に応じて対策を講じる．
(4) 真空管路には，接続する継手類を含む．
(5) 口径は，小口径によるメリットを考慮して計画する．
(6) 凍結などのおそれがある場所に設置する場合，凍結防止などの対策を講じる．

3.4 真空集水タンク

(1) 材質および構造は，計画真空度に耐えうるものとする．
(2) 容量は，吸引する排水負荷の状況（量や回数）により決定する．
(3) 真空集水タンクは排水負荷により，単独設置または複数設置する．

(2) について
　自然排水方式における単独設置の真空集水タンクの容量は，排水負荷と使用時間により決定する．
(3) について
　連続排水に対応する複数設置の真空集水タンクの容量は，吸引排水負荷と真空集水タンクの排水時間および真空作製時間により決定する．

3.5 検知ます

(1) 耐食性のある材料とする．
(2) 容量は，流入量により決定する．
(3) 空気を多量に吸引させると振動・騒音が発生するので，適切に計画する．
(4) 水使用機器などの排水トラップが破封しないように，適切に対策を講じる．

3.6 維持管理

> (1) 真空排水システムは，点検・清掃・修理などが容易に行えるようにする．
> (2) 非常時やメンテナンスのため，管理用バルブを設ける．
> (3) 真空排水弁には手動操作装置を設ける．

(2)，(3) について

　真空排水弁の取替え時などに他の系統に影響がないようにするためならびにきょう雑物等による真空度の低下を防止するため，少なくとも真空排水弁ごとに管理用バルブを設ける．

　系統を分岐する場合には，分岐系統ごとにバルブを設ける．

Ⅱ章　サイホン排水システム

Ⅱ－1　サイホン雨水排水システム
Ⅱ－2　サイホン雑排水システム

Ⅱ-1　サイホン雨水排水システム

1. 総　則

1.1　目　的

> 本章は，建築物などに設けるサイホン雨水排水システムの設計に関する基本的な考え方をまとめたものである．関連する法令に準拠の上，本章に記載のない事項については，関連する規準などに定めるところによる．

　サイホン排水システムとは，サイホン作用を排水の搬送の駆動力とする排水システムである．いわゆるサイホン現象は，サイホン管（流入位置が流出位置より高い状態の管路）を満流で流れるとき，管路の頂部の後部に負圧が発生することにより，継続して流れる現象をいう．排水管路をサイホン管のような構成にすると，大きな流速の排水が可能となる．そのようなサイホン現象を，ここではサイホン作用という．従来の排水システムより小口径の排水管を用いてサイホン管を構成すれば，管内流速を大きくすることができるので，小口径排水管においても一定以上の排水流量を確保することができる．それを雨水排水に適用したシステムをサイホン雨水排水システムという．

　サイホン雨水排水システムは，サイホン作用により強い搬送力を有するため，無勾配の配管が可能であり，条件によっては逆勾配や波打ち配管もできる．配管勾配を必ずしも要しないため，配管ルートの自由度を向上させ，配管スペースを縮小することに寄与する．配管材料は，従来の排水システムで適用される種類の他に配管勾配に影響を受けにくいことから，可とう管も使用することができる．

　サイホン雨水排水システムは1970年代にアイルランドで開発され，イギリスを中心にヨーロッパで主に非住宅建築物に用いられ，規格化されている（「1.5　参考規格」を参照）．わが国では1980年代後半に導入され，非住宅建築物で採用実績を重ねている．また，2000年代に，わが国で戸建住宅用・低層共同住宅用のサイホン雨水排水システムが開発されている．

1.2　適用範囲

> 本章は，建築物などにおけるサイホン作用を利用する雨水の排水システムに適用する．地表面に降った雨水排水については，適用しない．

　本システムが適用できる建築物などとは，戸建住宅，集合住宅，非住宅（事務所，商業施設など）のほか，駅舎，遊戯施設，仮設施設などをいう．ただし，屋根面積，屋根高さ，といの形状などの条件によって採用しうるシステムが変わるため，システムの特徴を生かして適用することが望ましい（「1.4　システムの構成」を参照）．ベランダなどの雨水排

水では，配管口径に対して満流に至る雨水排水量を期待できないため適用しない．また，サイホン作用の発生のためには流出水頭を必要とするため，地表面に降った雨に対しては適用しない．

1.3 用語の定義

本章に用いる用語の定義は，表Ⅱ-1-1による．

表Ⅱ-1-1 サイホン雨水排水システムに関する用語の定義

サイホン作用	siphonage	雨水排水管路におけるサイホン現象をいう．
雨水流入口	siphonic inlet	建築物等などの屋根または雨どいに設置する雨水の流入口をいう．流入口の形状は，サイホン作用の発生を誘導する機能を付加する場合もある．また，ごみ除け，落とし口などの機能部位を含む．
雨水流入管	tail pipe	雨水流入口に接続する排水管をいう．
雨水横管	siphonic horizontal pipe	雨水立て管までの横走りの雨水流入管をいう．複数の雨水流入管を接続・集合して，雨水立て管につなげる配管形態もある．
雨水立て管	down pipe	垂直な雨水排水管をいう．
雨水流出口	siphonic outlet	サイホン雨水排水システムの流出端（終点）をいう．
雨水流入水頭	head of inflow	流入する雨水の水面から雨水横管までの高さをいう．
雨水流出水頭	head of outflow	雨水横管から雨水流出口までの高さをいう．

1.4 システムの構成

(1) サイホン雨水排水システムは，雨水流入口，雨水流入管，雨水横管，雨水立て管および雨水流出口から構成される．
(2) 雨水排水管の集合・接続は，3.5に示される条件のもとに可能とする．

(1) について

本システムの基本構成を図Ⅱ-1-1に示す．雨水流入口を単独で設置し，雨水流出口まで単独で配管する方法と，複数の雨水流入口を設置し，雨水流入管を雨水横管に集合する方法がある．現在，屋根の種別により，図Ⅱ-1-1に示すように，(a)軒どい／単独配管，(b)陸屋根／単独配管，(c)陸屋根／集合配管の3つのシステムが開発されている．

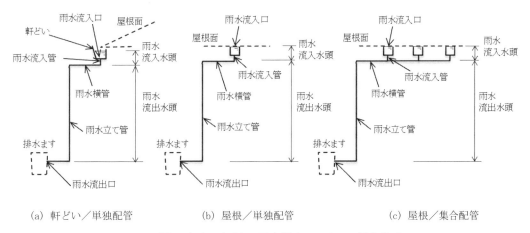

(a) 軒どい／単独配管　　　　(b) 屋根／単独配管　　　　(c) 屋根／集合配管

図Ⅱ-1-1　サイホン雨水排水システムの基本構成

　本システムにおける排水挙動は，次に示す①から④に整理される．排水時は，この①から④を周期的に繰り返す形で排水され，最終的に降雨の終了に伴い，雨水流入口より供給される水がなくなり，排水が完了する．

① 充水期：雨水流入口に集まる雨水排水が雨水流入管内を充水する期間をいう．
② 平衡期：雨水立て管の頂部に排水が到達し，排水が流下し始める期間をいう．
③ 満流期：雨水立て管の頂部より流下する排水が満水状態となり，サイホン作用が働く期間をいう．
④ 衰退期：排水管内に空気が入り，サイホン作用が働かなくなる期間をいう．

　本システムは，①から④の各期における排水能力が異なるため，排水時に定常的な排水状態を保持しない特性を有する．最も大きな排水能力となるのは「満流期」であるが，サイホン作用が働くまでに一定の時間を要し，これは雨水横管や雨水立て管に関係する．雨水立て管が短く，雨水横管が長ければ，「充水期」や「平衡期」が長くなり，「満流期」に到るまでの時間も長くなる．

1.5　参考規格

(1) BS 8490:2007　　　　：Guide to siphonic roof drainage systems
(2) EN 12056-3:2000 : Gravity drainage systems inside buildings ―　　　　　　　　　　　　 Part 3:Roof drainage, layout and calculation
(3) SHASE-S010-2013：空気調和・衛生工学会規格「空気調和・衛生設備工事標準仕様書」
(4) SHASE-S206-2009：空気調和・衛生工学会規格「給排水衛生設備規準・同解説」
(5) 建築設備設計基準：公共建築協会　平成27年版

2. 性　　能
2.1 基本性能

　サイホン雨水排水システムの基本性能は，次のとおりである．
(1) 安全である．
(2) 円滑に排水が行える．
(3) 耐用を有する．
(4) 騒音・振動が少ない．
(5) 維持，管理，更新が容易である．
(6) 経済的である．
(7) 建築物との調和がとれている．

3. 計画・設計
3.1 一般事項

(1) 当該地域の設計降水量に基づいて計算される雨水を円滑に排水できるよう，システムの設計を行う．
(2) 接続先となる従来の雨水排水システムの許容流量には，十分な余裕を持たせる．
(3) 排水時に発生する騒音・振動に対して，必要な対策を講じる．
(4) 点検，修理および交換などの維持管理を考慮して，計画・設計を行う．
(5) 詰まりなど不具合の発生の可能性について，検討・対策を行う．

3.2 排水能力

(1) 満流状態におけるサイホン雨水排水システムの流量は，流入水頭，流出水頭，雨水流入口から雨水流出口までの相当管長および管材の摩擦抵抗などにより決定される．
(2) 屋根面積，屋根構造，建築物高さ，排水管の配置などに基づき，最適なサイホン雨水排水システムを選定し，流入する雨水量に見合った配管設計を行う．
(3) 設計降水量を超える豪雨や配管の詰まりなどの安全対策として，オーバーフローなどを設ける．

(1) について

　本システムの排水能力は，密閉配管システムと同様の計算手法を用いて排水量の計算を行う．屋根の受持ち面積と設計降水量から計算される雨水排水量，雨水流入口と雨水流出口の相対高さおよび排水管の長さに応じて，ヘーゼン・ウィリアムスの式(1)によって求められることが各種実験で確認されている．

$$Q = 0.27853 C d^{2.63} I^{0.54} \quad \cdots\cdots (1)$$

- Q：流量　　　　　　　[m³/s]
- C：流速係数　　　　　[－]
- d：管径　　　　　　　[m]
- I (=$(Hi+Ho)/L$)：動水勾配　[－]
  - Hi：雨水流入水頭　[m]
  - Ho：雨水流出水頭　[m]
  - L：相当配管長　　[m]

軒どい配管の場合，雨水排水管の排水量は運動エネルギー保存則より導出された理論式(2)により，計算することができる．戸建住宅では，建築物との調和の観点で雨水排水管に矩形管を用いることが多く見られるが，この場合は，雨水排水管の形状に起因する損失係数が円管とは異なることを考慮し，損失合計を決定する必要がある．

$$Q = A v_t = A \sqrt{\frac{2g(Hi+Ho)}{\lambda' \dfrac{l}{d'} + \sum \zeta' + 1}} \quad \cdots\cdots (2)$$

- Q　：流量　　　　　　[m³/s]
- v_t　：管内平均流速　　[m/s]
- Hi：雨水流入水頭　　[m]
- Ho：雨水流出水頭　　[m]
- A　：管断面積　　　　[m²]
- λ'：相当摩擦抵抗係数　[－]
- l　：配管長　　　　　[m]
- d'：相当管径　　　　[m]
- ζ'：相当損失係数　　[－]

3.3　雨水流入口

(1) サイホン作用が働くまでの水位上昇に対して，雨水があふれないような構造とする．
(2) 排水管への異物の侵入および異物による雨水流入口の閉塞を防止できる構造とする．
(3) 雨水流入口に，排水音を低減・防止する機能を追加することも検討する．
(4) 寒冷地では，凍結などによる閉塞の防止対策を講じる．

(1) について

　降雨の初期に雨水流入口の周囲に雨水が集積してサイホン作用が働き始めるが，サイホン作用に基づく排水能力が確保されるまでの間，雨水をあふれさせない対策として，雨どいの高さ，排水溝の断面形状，防水層の高さを適正に決定する．

(2) について

　雨水流入口には，サイホン作用を誘発する機能を付加したタイプがある．このタイプは，流速が早くなり，ごみや落ち葉などを誘引しやすくなるため，雨水流入口の閉塞の防止が特に重要となる．

(3) について

　雨水流入口は，空気の巻込みの際に発生する騒音の発生源ともなるため，建築物の用途によっては，騒音を低減する機能を追加することも検討する．

3.4　雨水排水管

(1) 雨水排水管は専用の排水管を用い，その他の配管との接続を防止する措置を講じる．
(2) 非満流時の排水も考慮して，配管勾配を確保することが望ましい．
(3) 雨水排水管には，接続する継手類を含む．
(4) 使用する配管材料については，SHASE-S010-2013 に規定された材料を用いる．この場合，サイホン作用による負圧および正圧に対する耐久性を有した材料とする．
(5) SHASE-S010-2013 に規定されていない材料の場合，耐久性を有することが確認できた材料であれば，可とう管も含むその他の材料を使用できる．

(1) について

　本システムに用いる排水管は，従来の排水システムより小口径な管を用い，壁体内や天井裏などに設置する場合があるため，他の配管と接続しないように注意を要する．

(4)，(5) について

　従来の排水システムでは，管内負圧が想定されていないため，SHASE-S010-2013 に規定されている材料であっても，負圧に対する耐圧性能を確認する必要がある．

　また，従来の排水システムでは，たわみによる逆勾配などが懸念されていることから，可とう管は許容されていない．本システムにおいては，逆勾配などが許容されることから，ポリブテン管，架橋ポリエチレン管などのような耐久性を有した可とう管が使用できる．

3.5 配管接続

> (1) 雨水横管において，雨水流入管を集合して接続させる場合には，排水が円滑に流れるように接続する．
> (2) 雨水立て管の途中で雨水横管または雨水流入管を集合して接続させる場合には，接続点前後の管内圧力バランスによって生じうる逆流により，雨水流入口からの雨水の吹出しが生じないようにする．

(2)について

雨水立て管に集合して接続する雨水横引管の接続には，図Ⅱ-1-2に示す2つのタイプがある．(a)接続する雨水横管が満流状態を保持し，その前後で圧力分布（負圧）を持つ場合と，(b)雨水立て管は満流状態であるが，接続する雨水横管が必ずしも満流状態ではなく，常時，空気が流入する場合である．(b)の場合は，接続する雨水横管から空気が流入するので，気泡の混じった疑似サイホン現象が生じる．

その他に，図Ⅱ-1-3のように非満流の雨水立て管に満流の排水が流れ込む場合，接続点の管内圧力バランスによっては逆流が発生する原因となるため，このような接続を行ってはならない．

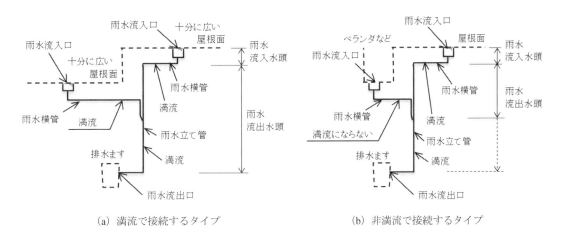

(a) 満流で接続するタイプ　　(b) 非満流で接続するタイプ

図Ⅱ-1-2　配管接続タイプ

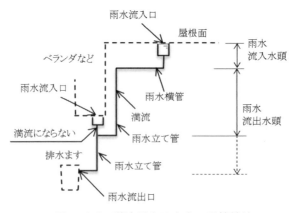

図Ⅱ-1-3 逆流が生じやすい配管接続

3.6 雨水流出口

(1) 雨水流出口は，確実に大気圧に開放される構造とする．
(2) 雨水流出口を接続する排水ますなどは，排水があふれないような構造とする．
(3) 雨水流出口以降の排水系統には，排水能力に十分な余裕をもたせる．

(2)，(3) について

　本システムでは，雨水流入口から雨水流出口まで「3.2 排水能力」に示された式(1)および式(2)に示される流量で排水される．流速は 2～5m/s となり，雨水流出口でも同様の流速で排水される．重力式排水システムの最低流速は 0.6m/s であり，本システムの流速は極めて大きいので，注意を要する．

　雨水流出口が排水ますとなる場合には，流速を緩和する配管の接続方法，排水ますの大きさ，マンホール蓋の仕様，通気機能の確保および排水ます以降の排水管の設計に留意する．雨水流出口が配管の途中になる場合は，それ以降の排水管の設計に留意する．

3.7 雨水排水管の隠蔽

　サイホン雨水排水システムの一部または全部を，壁体内または天井裏などに隠蔽する場合には，次の点に留意する．
(1) 結露および騒音・振動を防止するための適切な措置を講じる．
(2) 漏水を防止するための適切な措置を講じる．
(3) 排水管の点検，交換ができる点検口を設けるなどの対策を検討する．

　本システムは従来の排水システムと異なり，雨水流入口からの空気の流入により，騒音・振動が発生する場合がある．雨水流入口の位置，雨水横管および雨水立て管の設置条件に応じて，適切な騒音・振動の対策を講じる．

3.8 維持管理

> 排水管の点検・清掃が行えるように，必要に応じて掃除口などを設置する．雨水流入口は，ごみや落ち葉などの清掃が可能な構造とする．

本システムは，従来の排水システムと比較して小口径のため，詰まりに対して特に配慮を必要とする．

II-2 サイホン雑排水システム

1. 総則
1.1 目的

> 本章は，建築物などの雑排水における，サイホン雑排水システムの設計に関する基本的な考え方をまとめたものである．関連する法令に準拠の上，本章に記載のない事項については，関連する規準などに定めるところによる．

　サイホン排水システムとは，サイホン作用を排水の搬送の駆動力とする排水システムである．いわゆるサイホン現象は，サイホン管（流入位置が流出位置より高い状態の管路）を満流で流れるとき，管路の頂部の後部に負圧が発生することにより，継続して流れる現象をいう．器具排水管路をサイホン管のような構成にすると，大きな流速の排水が可能となる．そのようなサイホン現象をここではサイホン作用という．従来の排水システムより小口径の排水管を用いてサイホン管を構成すれば，管内流速を大きくすることができるので，小口径排水管においても，一定以上の排水流量を確保することができる．それを雑排水に適用したシステムをサイホン雑排水システムという．

　サイホン雑排水システムは，サイホン作用により強い搬送力を有するため，無勾配の配管が可能であり，条件によっては逆勾配や波打ち配管もできる．配管勾配を必ずしも要しないため，配管ルートの自由度を向上させ，配管スペースを縮小することに寄与する．配管材料は，従来の排水システムで適用される種類のほかに，配管勾配に影響を受けにくいことから，可とう管も使用することができる．また，流速が速いことにより，管内の自浄作用も期待できる．

1.2 適用範囲

> 本章は，建築物などにおける，サイホン作用を利用する雑排水の排水システムに適用する．

　本システムが適用できる建築物などとは，戸建住宅，集合住宅，非住宅（事務所，商業施設など）のほか，駅舎，遊戯施設，仮設施設などをいう．それら建築物からの雑排水に本システムを適用できる．

　対象器具・装置は，洗面器，手洗器，浴室床排水，台所流し，ディスポーザ，洗濯機，食器洗浄機などである．

1.3 用語の定義

> 本章に用いる用語の定義は，表II-2-1による．

表II-2-1　サイホン雑排水システムに関する用語の定義

サイホン排水管	siphonic drainage pipe	サイホン作用により排水する小口径排水管の総称をいう．
サイホン作用	siphonage	器具排水管路におけるサイホン現象をいう．

調整槽	adjusting tank	水使用機器からの排水を一時的に貯留する槽をいう．
流入水頭	head of inflow	排水器具の水面（調整槽では槽内の水面）からサイホン排水管の水平部までの高さをいう．
流出水頭	head of outflow	サイホン排水管の水平部から排水立て管合流部等の開放端までの高さをいう．

1.4 システムの構成

> 水使用機器とサイホン排水管を基本構成とする．その接続先は，従来の排水システムとする．その他に，水使用機器とサイホン排水管の間に調整槽を設ける方式，接続先が浴室床排水などとする方式などがある．

本システムの基本構成を図Ⅱ-2-1に示す．

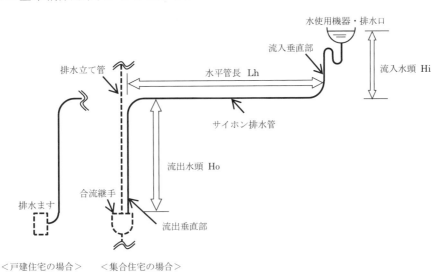

図Ⅱ-2-1 サイホン雑排水システムの基本構成（※破線部は従来の排水システム部分を示す）

本システムにおける排水挙動は，次に示す①から④に整理される．排水時は，この①から④を周期的に繰り返す形で排水され，最終的に排水口より供給される水がなくなり，排水が完了する．

①　充水期：排水がサイホン排水管内を充水する期間．
②　平衡期：流出垂直部に排水が到達し，排水が流下し始める期間．
③　満流期：流出垂直部に流下する排水が満水状態となり，サイホン作用が働く期間．
④　衰退期：排水管内に空気が入り，サイホン作用が働かなくなる期間．

本システムは，①から④の各期における排水能力が異なるため，排水時に定常的な排水状態を保持しない特性を有する．最も大きな排水能力となるのは「満流期」であるが，サイホン作用が働くまでに一定の時間を要し，これは流入水頭（H_i），水平管長（L_h）が関係

する．流入水頭が小さく，水平管長が長ければ，「充水期」や「平衡期」が長くなり，「満流期」に至るまでの時間も長くなる．

調整槽を用いることによって，浴室床排水などのような流入水頭が小さい場合でも，円滑な排水が可能となる．詳細は，「3.6 調整槽」を参照のこと．

洗濯機排水などは，浴室の床に排水させる場合がある．これは，一種の間接排水とみなされる．詳細は，「3.7 間接排水」を参照のこと．

1.5 参考規格

(1) SHASE-S206-2009 ：空気調和・衛生工学会規格「給排水衛生設備基準・同解説」
(2) SHASE-S010-2013 ：空気調和・衛生工学会規格「空気調和・衛生設備工事標準仕様書」
(3) SHASE-G2006-2012：空気調和・衛生工学会規格「ディスポーザ排水配管設計・施工・維持管理法ガイドライン」
(4) 建築設備設計基準 ：公共建築協会　平成27年版

2. 性　　　能
2.1 基本性能

サイホン雑排水システムの基本性能は，次のとおりである．
(1) 安全である．
(2) 衛生的である．
(3) 円滑に排水が行える．
(4) 耐用を有する．
(5) 騒音・振動が少ない．
(6) 維持，管理，更新が容易である．
(7) 経済的である．
(8) 建築との調和がとれている．

3. 計画・設計
3.1 一般事項

(1) 円滑に排水が行われるよう，システムの設計を行う．
(2) 接続先の排水システムの設計は，サイホン作用による器具排水負荷の特性を考慮する．
(3) 排水時に発生する音・振動に対し，必要に応じて対策を講じる．
(4) サイホン作用により，トラップが破封を生じないように必要な対策を講じる．
(5) 各部材の点検，修理および交換などの維持管理を考慮して計画・設計を行う．
(6) サイホン作用による吸引力に対し，人の手，毛髪などが吸い込まれる危険が懸念される場合は，必要な対策を講じる．

(2) について

本システムの接続先のシステム設計においては，サイホン作用による器具排水負荷特性が従来の排水特性と異なるため，その特性を考慮する必要がある．従来の排水システムへの接続にあたっては，流出垂直部が下階の位置で接続されるため，所有区分の確認

や管理者の了解を得ることが必要な場合もあり，十分な確認および検討が求められる．
(3) について
　サイホン排水は，その排水性状から，排水が配管内を満流で高速に流れる様相やサイホンが間欠的に発生する様相などがあり，配管自体の振動および排水音が発生する場合がある．
(4) について
　トラップは，水封式，非水封式を用いることができる．水封式トラップを用いる場合は，破封が生じないように，通気弁や通気管の設置などの対策を講じる．
(6) について
　管内負圧を緩和するために，サイホン排水管の経路途中に通気弁を設けるなどの手段も有効である．

3.2 排水能力

> (1) 満流状態におけるサイホン雑排水システムの排水流量は，流入水頭，流出水頭，水使用機器から開放端までの管長および管材の摩擦抵抗係数などにより決定される．
> (2) 排水開始後，サイホン作用が働くまでの時間において，あふれや排水口部での滞留などが生じないよう排水システム設計を行う．

(1) について
　サイホン作用発生時における排水流量は，運動エネルギー保存則より導出された理論式(1)の結果とおおむねと一致することが各種実験で確認されている．管長や各種抵抗が大きくなると，管内流速および流量が小さくなる．

$$Q_t = A v_t = A \sqrt{\frac{2g(Hi+Ho)}{\lambda \frac{l}{d}+\sum \zeta +1}} \quad \cdots\cdots (1)$$

Q_t ：流量　　　　　[m³/s]
A ：管内面積　　　[m²]
v_t ：管内流速　　　[m/s]
Hi ：流入水頭　　　[m]
Ho ：流出水頭　　　[m]
l ：配管長　　　　[m]
λ ：摩擦抵抗係数　[−]
d ：管径　　　　　[m]
ζ ：損失係数　　　[−]

　管内流量の計算にあたり，排水専用の継手，配管の曲がりによる抵抗はごく小さい．このため，相当管長としては省略することも可能である．
　式(1)にて得られる流量線図の一例を図Ⅱ-2-2に示す．

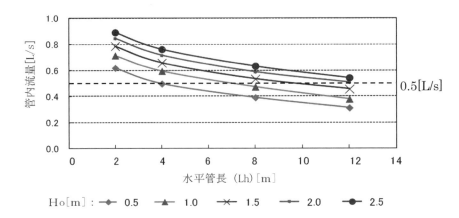

図Ⅱ-2-2　水平管長と管内流量の関係（流入水頭 Hi：0.7[m]，配管口径 20A（VP））

図Ⅱ-2-2 より，排水流量 0.5L/s を得たい場合，水平管長が 4.0m であるとき，流出水頭（Ho）は 0.5m 以上であり，水平管長 12.0m の場合，流出水頭（Ho）は 2.0m 以上が必要となる．

このように設計をする上で，案件ごとに異なる水平管長（Lh）と流出水頭（Ho）の関係を見極めながら，計画することが求められる．

(2) について

本システムは，その排水特性から，水使用機器からの排水開始後，管内が充水されサイホン作用が働くまでに時間を要する．この時間は，流入水頭（Hi），水平管長（Lh），管径，不陸，継手形状，配管の曲がりなどが関係している．

満流期は高速で流れるが，それに比べ，充水期は極めて管内流量は少ない．そのため，充水期から平衡期の間において，排水口付近でのあふれや滞留などが発生するおそれがあり，これを考慮した排水システムの設計を行う必要がある．特に浴室床排水や洗濯機などの低位排水の水使用機器については，十分に考慮する．

継手の形状，配管の曲がりの抵抗は，(1) での管内流量算出においては影響が少ないが，サイホン作用が働くまでの時間に関しては，影響があるので考慮する必要がある．

3.3　サイホン排水管

> (1) サイホン排水管は，その他の排水管との誤接続を防止する措置を講じる．
> (2) 配管には，SHASE-S010-2013 に規定された材料を用いる．ただし，サイホン作用による負圧および正圧に耐えうる材料とする．
> (3) SHASE-S010-2013 に規定されていない材料の場合，一般的な配管性能および耐負圧性能を有することが確認された材料であれば，可とう管を含むその他の材料を使用できる．
> (4) サイホン排水管への異物の混入を防止するため，必要に応じて対策を講じる．
> (5) 排水管には，接続する継手類を含む．
> (6) サイホン排水管の曲がりは，排水性状および清掃性を考慮して曲率半径を大きくすることが望ましい．
> (7) 凍結などのおそれがある地域の場合，凍結防止などの対策を講じる．

(2),(3)について

　従来の排水システムでは，管内負圧が想定されていないため，SHASE-S010-2013に規定されている材料であっても，負圧に対する耐圧性能を確認する必要がある．

　従来の排水システムでは，たわみによる逆勾配などが懸念されることから，可とう管は許容されていないが，サイホン雑排水システムにおいては，逆勾配が許容されることから，ポリブテン管や架橋ポリエチレン管などの可とう管が使用できる．

(4)について

　サイホン排水管への異物の混入による管閉塞などを発生させないために，排水口にストレーナーなどを設置する．

(5),(6)について

　サイホン排水管を接続する継手は，サイホン排水管の曲がりと同様に，ベンドなどのような曲率半径が大きい形状を使用する．管と継手などの接着やメカニカル方式の接続部において，経路の内側には排水に支障が生じるような段差が発生しないようにする．

3.4　サイホン排水管の管径

(1) サイホン排水管は，水使用機器がサイホン作用により円滑に排水される管径とする．
(2) サイホン排水管の管径は，SHASE-S206-2009の最小管径によらず，適切な管径を選定する．

(1)について

　サイホン排水管の管径が大きい場合は，管内が満流とならず，サイホン作用が働かないので，適切な管径を適用する．

(2)について

　SHASE-S206-2009の最小管径は30Aとなっているが，サイホン雑排水システムにおける適切な管径は，実験により，おおよそ次のとおりである．

　　(a) 浴室（浴槽）　　　　　　　　　　　　　　　：20～25A
　　(b) 洗濯機・洗面器・台所流し・浴室（洗い場）　：20A

　サイホン排水管の管径がトラップ口径よりも小さくなる場合は，トラップ部に目皿などのきょう雑物の流入防止対策や，点検可能な場所に清掃口を設置し，きょう雑物の除去が可能な対策を講じる．

3.5　配管接続

(1) サイホン排水管は，原則として，単独配管とする．
(2) 排水立て管への接続は，排水立て管の通気機能が閉塞しない接続方法を用いる．

(1)について

　サイホン排水管どうしを接続させると，排水を行っていない側の水使用機器に対して，吹き出しおよび誘導サイホンによる破封が生じる可能性がある．また，サイホン作用の働きが低下する要因となる．

　ただし，実験などにより排水性能上安全であることが確認された場合には，この限り

ではない．
　（例：逆止弁の設置により，台所流しと食器洗浄機の雑排水を合流させる場合など）
（2）について
　排水立て管の接続部には従来の排水システムと比較し，高速の排水が流入するため，排水立て管の通気部が閉塞しない措置を講じた接続方法を用いる．
　また，排水立て管の管径決定には，これまでの器具平均排水流量や最大器具排水流量が従来とは異なるので，その点を考慮する．

3.6 調　整　槽

(1) 上流側に水使用機器からの従来の排水システムが接続され，下流側にサイホン排水管が接続される．
(2) 1台の調整槽に対し，1つまたは複数の水使用機器が接続できる．
(3) サイホン排水管は，1本または複数本が接続できる．
(4) 調整槽の容量は，サイホン作用が働くまでの間，槽外にあふれが生じない容量とする．
(5) 調整槽内の正圧・負圧を緩和させる措置を講じる．
(6) 材質および構造は，耐久性，メンテナンス性などを考慮する．

　調整槽は，浴室や洗濯機などの低位排水の水使用機器に対し，サイホン作用が働くまでの時間に生じる，あふれや排水口部での滞留を防止するのに有用である．
　調整槽を設けた構成を図Ⅱ-2-3に示す．

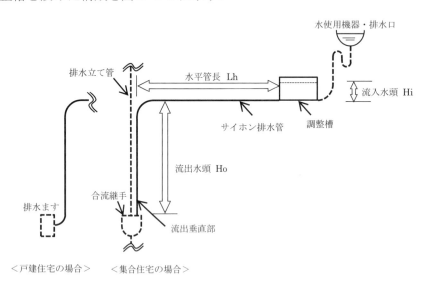

図Ⅱ-2-3　調整槽を設けた構成（※破線部は従来の排水システム部分を示す）

（1）について
　水使用機器からの従来の排水システムの設置については，SHASE-S206-2009に準ずる．
（2），（3），（4）について
　調整槽に接続される水使用機器からの排水量に応じたサイホン排水管径，本数を選定し接続する．複数の水使用機器が接続される調整槽においては，接続される水使用機器

の同時使用を考慮して排水システム設計を行う．

(5) について

　正圧・負圧の緩和には，通気管の設置などがある．適切な正圧緩和が行われないと，円滑に排水が調整槽に流入せず，水使用機器のあふれや滞留が生じる．また，接続された他の水使用機器からの吹き出しが生じることもある．

(6) について

　排水用途として実績のある材料のほか，排水用途として，検証確認がされている材料を使用する．

3.7　間 接 排 水

(1) 間接排水される部位は，衛生面に十分に留意する．
(2) 間接排水の接続先は，排水能力に十分な余裕をもたせる．

　間接排水の構成例を図Ⅱ-2-4に示す．

　洗濯機の排水を間接排水で行う方式であり，洗濯機付属の排水ホースを接続するホース接続ユニット，小口径の床下配管および浴室貫通部の露出配管から構成され，サイホン作用を利用して，浴室内に排水される．

　なお，洗濯機設置台は浴室内の流出水頭より高い位置になるように設置し，ホース接続ユニットは，小型防水パンまたは洗濯機用防水パンに接続する．

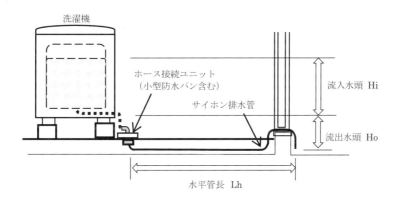

図Ⅱ-2-4　間接排水の構成例（※破線部は従来の排水システム部分を示す）

(1) について

　間接排水の場合，サイホン排水システムからの排水が接続される部位でのあふれ，飛散，汚れ，滞留などに留意する．

(2) について

　サイホン排水システムからの排水と接続先の排水が同時に発生した場合でも，十分な排水能力を持たせなければならない．

3.8 維持管理

> サイホン雑排水システムを設置するにあたり，点検・清掃・修理などが行えるよう，必要に応じた点検口などを設置する．

　本システムは，満流排水時は管内流速が速く，管内の自浄作用も期待できるが，管内清掃や修理が行えるように点検口の設置や，清掃しやすい設置形態とする必要がある．

付属書　非水封式トラップ

付属書　非水封式トラップ

1. 総則
1.1 目的

　本付属書は，建築物などの排水通気設備における，非水封式トラップの設計に関する基本的な考え方をまとめたものである．関連する法令に準拠の上，本付属書に記載のない事項については，関連する規準などに定めるところによる．

　非水封式トラップは，封水を用いずにトラップ本体内に装着されたメンブレンなどを用い，排水時には開口し，非排水時には閉口して排水ガスなどを遮断する機能を有するトラップである．

1.2 適用範囲

　本付属書は，排水通気設備に設ける非水封式トラップに適用する．水封式との併用を前提とした弁トラップには適用されない．

1.3 用語の定義

　本付属書に用いる用語の定義は，表付-1 による．

表付-1　非水封式トラップに関する用語の定義

非水封式トラップ	waterless trap	封水を用いずに排水ガスなどを遮断できる機能を有するトラップをいう．
排水ガス遮断部材	drainage gas blocking parts	トラップ本体内に装着され，排水時には開口し，非排水時には閉口する開閉動作により，排水ガスなどを遮断する機能を持つ部材をいう．
自封トラップ	self-sealing trap	排水ガス遮断部材にメンブレンを用いたものをいう．
メンブレン	membrane, self-sealing membrane	柔軟性を持つ素材で構成された排水ガス遮断部材をいう．自己閉鎖膜ともいう．
弁トラップ	valve trap	排水ガス遮断部材に板状の弁体を用いたものをいう．

1.4 非水封式トラップの種類

　非水封式トラップには，次の種類がある．
（1）自封トラップ

> (2) 弁トラップ

(2) について

　本付属書作成時点では，非水封式弁トラップの製品はないが，弁トラップ構造でも本付属書の記載内容に適用していれば，非水封式トラップと認められる．

1.5 参考規格

> (1) 本付属書に関連する規格を示す．
> 　(a) SHASE-S206-2009：空気調和・衛生工学会規格「給排水衛生設備規準・同解説」
> 　(b) SHASE-S218-2014：空気調和・衛生工学会規格「集合住宅の排水立て管システムの排水能力試験法」
> 　(c) EN 12380:2002：Air admittance valves for drainage systems - Requirements, tests methods and evaluation of conformity
> (2) 自封トラップは，イギリス，オーストラリア，アメリカおよび日本で次の承認を得ている製品がある．
> 　(a) イギリス
> 　　Certificate No.42/97：Building Research Establishment Limited
> 　(b) オーストラリア
> 　　License No. WMKT20062：SAI Global Limited
> 　(c) アメリカ
> 　　File No. C-4819：IAPMO Research and Testing, Inc.
> 　(d) 日本
> 　　BCJ 評定－HS0002-01, HS0005-01：日本建築センター

2. 性　　能
2.1 基本性能

> 非水封式トラップの基本性能は，次のとおりである．
> (1) 排水管内の排水ガスおよび衛生害虫などの移動を有効に防止する．
> (2) 排水器具から非水封式トラップ流入口に排水が流れてきたときは，排水ガス遮断部材が開口することにより，排水を排水管に流す排水装置の機能を有する．
> (3) 排水が流れていないとき，排水管内圧力が大気圧または正圧の状態の場合は，排水ガス遮断部材が閉口することにより，排水管内の排水ガスなどを遮断する機能を有する．
> (4) 排水が流れていないとき，排水管内圧力が負圧の状態の場合は排水ガス遮断部材が開口し，器具側から排水配管内へ吸気する機能を有する．負圧がほぼゼロになったときには，排水ガス遮断部材が閉口する．

(2)，(3) について

非水封式トラップは封水を有さないため，水封式トラップ固有の封水損失現象が発生しない．
(4) について
　　非水封式トラップの吸気機能には，次の利点がある．
　　(a) 破封を防止するための通気管などを必要としない．
　　(b) 二重トラップの阻害要因がない．
　　(c) 水封式トラップと直列に併設し，封水保持のバックアップとしても設置できる．
　　(d) 正負圧力差による影響を受けないので，設置の制限を受けない．

2.2　性能確認項目
2.2.1　耐正圧性能・気密性能

十分な耐正圧性能を有し，漏れがない．

　非水封式トラップの下流側から 1kPa の正圧を作用させた後，圧力低下状況と漏気の有無を確認する．
　SHASE-S218-2014 の「2.3.3 試験判定条件」に，管内圧力の範囲は±400Pa 以内とあるが，排水管側に負圧が生じると吸気機能が働くので，水封式トラップに課せられるような耐負圧性能は除外される．耐正圧性能としての基準値は，400Pa に対して安全率を 2.5 倍とし，1kPa とする．

2.2.2　自掃性能

トラップ機能を阻害する付着残存がない．

　排水に混入すると考えられる代表的な物質について，それらを混入させた排水を非水封式トラップに流し，混入物質の付着・残存の有無を確認する．

2.2.3　作動耐久性能

管内圧力変動を繰り返しても異常がない．

　非水封式トラップの下流側に正弦波（正負圧）の繰返しを 30 万回作用させ，自開閉機構の作動状況を調べ，異常のないことを確認する．これは，1 日に 50 回の開閉があるとして，約 16 年間の総回数に相当する．

2.2.4　排水逆止特性

十分な逆水圧性能を有し，漏れがない．

非水封式トラップの下流側から8kPaの逆水圧を作用させ，漏水状況を確認する．
SHASE-S206-2009 9.2.2(4)(b)を参考とし，器具排水口からトラップウェアまでの最大鉛直距離を600mm，器具排水口からあふれ縁までの深さを200mmとして，合計800mmの水頭を設定する．

非水封式トラップを吸気弁用途として設置する場合は，EN 12380:2002 6.3.2を参考とし，非水封式トラップの下流側から10kPaおよび30Paの正圧を作用させ，漏気状況を調べ，漏れのないことを確認する．

2.2.5 最小作動負圧

十分な最小作動圧力を有する．

非水封式トラップの下流側から負圧を作用させ，開口作動が生じる負圧を調べる．
非水封式トラップを吸気弁用途として設置する場合は，EN 12380:2002 6.5.2を参考とし，非水封式トラップの下流側から−150Paの負圧を作用させ，排水ガス遮断部材の作動状況を調べ，十分な最小作動圧力を有することを確認する．

2.2.6 吸気特性・抵抗係数

吸気特性・抵抗係数に異常がない．

非水封式トラップの下流側から負圧を作用させ，負圧と吸気流量との関係および抵抗係数を調べ，吸気量・抵抗係数が，非水封式トラップに接続された水使用機器などの使用に問題ないことを確認する．

2.2.7 最少通過排水流量

ごく少量の排水でも通過する．

非水封式トラップの流入口から水を滴下し，それが通過する際の最少量を調べ，ごく少量であることを確認する．

2.2.8 排水流量特性・抵抗係数

排水流量特性・抵抗係数に異常がない．

非水封式トラップの上流側からため流しを行い，水頭と排水流量との関係および抵抗係数を調べ，排水流量および抵抗係数が，非水封式トラップに接続された水使用機器などの使用に問題ないことを確認する．

3. 計画・設計

3.1 一般事項

(1) 非水封式トラップは，原則として，水封式トラップにおける器具トラップ・床排水トラップ・雨水用トラップ・トラップますのいずれにも置き換えることができる．ただし，それぞれの用途に適した構造と性能を具備するものとする．
(2) 非水封式トラップを設けることにより，排水通気システムの許容流量を増加させてはならない．
(3) 非水封式トラップは，器具排水口から非水封式トラップまでの鉛直距離の制約を受けない．

(1) について

　非水封式トラップは，水封式トラップにおける封水に対して，排水ガス遮断部材を用いたものであり，原則的には，その用途に制約はない．しかし，用途によりその求められる構造・性能は異なるため，非水封式トラップは，用途に適した設計に留意する必要がある．

(3) について

　SHASE-S206-2009 9.2.2 (4) (b) の規定は，水封式トラップの自己サイホン作用を考慮したものであるが，非水封式トラップは，流速による破封の影響を受けないため，この規定は適用されない．ただし，非水封式トラップを設置する位置によっては，非水封式トラップの上流側管内に付着するスケールなどから発生する異臭が問題となる場合があるため，留意して計画する．

3.2 非水封式トラップの材料・構造

3.2.1 使用材料

(1) 本体・部品の材質は，設置される用途に応じて，適切な材料を選定する．
(2) 排水ガス遮断部材およびメンブレンの材質は，「2. 性能」に規定する性能を満たす材料とする．

　排出すべき排水の量および水質に応じ，有効な材質を用いる．

3.2.2 構造

(1) 非水封式トラップは，標準的な器具に接続するための本体とそれに付随して構成される接続ナット・差し込み継手から構成される．
(2) 本体内部には，排水ガス遮断部材を有する．
(3) 水封式トラップと併設し，封水保持のバックアップとして使用する場合，本体内部もしくは排水配管内に，排水ガス遮断部材と封水部を有しても差し支えない．

非水封式トラップである自封トラップの構造図例を図付-1に示す.

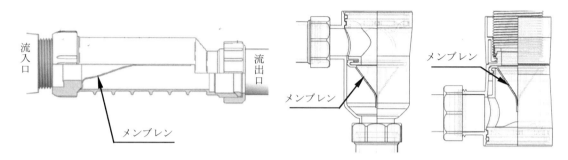

図付-1　非水封式トラップの構造図例

3.2.3　接続口径

> 非水封式トラップ本体の最小口径は，SHASE-S206-2009 9.2.2(3)に準じる．ただし，水使用機器などの器具排水管の口径がそれより小口径でも，排水流れに支障のないことが確認されれば，その口径を適用しても差し支えない．

トイレ用手洗器の器具排水管の口径は，一般に25Aであり，SHASE-S206の最小口径30Aより小口径である．

3.3　非水封式トラップ設置の計画・設計
3.3.1　設置計画・設計

> (1) 原則として，1つの水使用機器および器具排水管に対し，1個の非水封式トラップを設置する．
> (2) 水封式トラップが設けられている水使用機器および器具排水管において，非水封式トラップは，水封式トラップの上流または下流に併設することができる．ただし，水使用機器の排水負荷を考慮する必要がある．
> (3) 上流側に水封式トラップもしくは非水封式トラップを有し，下流側に非水封式トラップを有する場合は，2つのトラップの間に新たな器具排水管を接続することができる．ただし，計画時に配管条件に即した試験を行い，性能が担保されることを確認する必要がある．

［二重トラップの扱い］

非水封式トラップは，その吸気性能により，正負圧力差による影響を受けないので，複数個の非水封式トラップを直列に設置する場合や，水封式トラップを有する器具排水管の上流側・下流側のいずれかに非水封式トラップを設置する場合，非水封式トラップは，水使用機器などからの排水の流れを阻害しない．この理由から，SHASE-S206-2009 9.2.2(4)(c)に規定する二重トラップには該当しない．

また，2個のトラップ間に器具排水管枝管を接続することも二重トラップの禁止事項で

あるが，下流側のトラップが非水封式の場合は，枝管からの排水を支障なく流出できるため，この場合も二重トラップとはならない．

3.3.2 設置の方向性

(1) 非水封式トラップは，本体内部の排水ガス遮断部材の向きを必ず確認し，正しい流入流出の方向で設置する．
(2) 非水封式トラップは，原則として鉛直方向に設置するが，非水封式トラップの構造により，その使用が認められているものについては，水平方向に設置することができる．
(3) 非水封式トラップを器具排水や配管に水平方向に設置する場合，水の滞留を防ぎ，連続した流れを確保するために，上下の設置方向が決められているものについては，非水封式トラップを正しい方向で設置する．

(3) について

上下の設置方向が決められている非水封式トラップとして，自封トラップにおける構造図例を図付-2 に示す．

水平方向に設置するときはリブを下側にすると決められている製品の場合

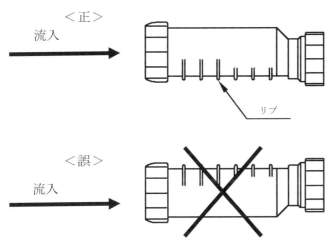

図付-2 上下の設置方向が決められている自封トラップの構造図例

3.3.3 取付け

(1) 非水封式トラップは，緩み・外れなどがないように，堅固に固定する．
(2) 接続ナットを用いて接合する場合は，ナットの材質により手締め・機械締めの違いに留意する．
(3) 管接合時に止水パッキンを用いる場合は，その方向性に留意する．
(4) 非水封式トラップの流入流出接合部に接合コンパウンド，シーラントまたはグリスを塗布してはならない．
(5) 非水封式トラップは，適切なアダプターを用いて，排水器具に直接取り付けることができる．

(4) について

　接続ナットを用いて接合する場合，ねじ部に接合コンパウンド，シーラントまたはグリスを塗布すると，各器具の規定値以上に締め付けられるため，ナットや非水封式トラップ本体の破損や劣化を促進させるおそれがある．

3.4　衛生器具以外の配管への設置用途

> 　非水封式トラップは，貯湯タンク膨張水配管や電気温水器ドレン配管など，衛生器具以外の水使用機器に設置することができる．ただし，非水封式トラップを採用・接続する場合には，設置前に機器に適した試験を行い，性能が担保されていることを確認する．

3.5　吸気弁としての設置用途

> 　非水封式トラップは，水封式トラップの自己サイホン作用の防止を目的とする吸気弁として使用できる．ただし，非水封式トラップを採用・接続する場合には，設置前に機器に適した試験を行い，性能が担保されていることを確認する．

　非水封式トラップは，管内負圧による誘導サイホン作用の防止に対しても有効に機能する．

3.6　機械・サイホン排水システムへの設置用途

> 　本ガイドライン記載の機械・サイホン排水を用いて排水される，水使用機器および排水配管への非水封式トラップの設置については，該当するガイドラインを参照する．

3.7　維 持 管 理

> 　非水封式トラップは，点検・保守・交換が可能な場所に設置する．

　非水封式トラップは，排水ガス遮断部材で排水配管内の臭気防止を担保しているため，排水ガス遮断部材の空気遮断機能が適切に機能しているかを確認する必要がある．特に排水ガス遮断部材に対する異物の嚙み込みは，トラップの機能を損なうおそれがあるため，適時目視で確認することが望ましい．
　排水管内で詰まりが発生した場合，掃除具（スネークワイヤーなど）を排水口から挿入して清掃するか，排水ガス遮断部材が損傷するおそれがある場合は，非水封式トラップを取り外して清掃する．清掃においては，設置されている非水封式トラップの使用取扱方法に則って行う．

日本建築学会環境基準
AIJES-B0003-2016
機械・サイホン排水システム設計ガイドライン

2016年2月20日　第1版第1刷

編　集 著作人	一般社団法人　日本建築学会
印刷所	昭和情報プロセス株式会社
発行所	一般社団法人　日本建築学会

　　　　108-8414　東京都港区芝 5-26-20
　　　　電　話・(03) 3456-2051
　　　　F A X・(03) 3456-2058
　　　　http://www.aij.or.jp/

発売所	丸善出版株式会社

　　　　101-0051　東京都千代田区神田神保町 2-17
　　　　　　　　　神田神保町ビル
　　　　電　話・(03) 3512-3256

Ⓒ 日本建築学会 2016

ISBN978-4-8189-3626-3　C3352